把世界遗产讲给你听

日知童书◎编著

四川人民出版社

图书在版编目（CIP）数据

把世界遗产讲给你听 / 日知童书编著. — 成都：
四川人民出版社，2023.12（2024.2重印）
（"图说天下·少年游学"系列）
ISBN 978-7-220-13536-1

Ⅰ.①把… Ⅱ.①日… Ⅲ.①文化遗产－世界－少年
读物 Ⅳ.①K103-49

中国国家版本馆CIP数据核字（2023）第208829号

把世界遗产讲给你听

BA SHIJIEYICHAN JIANG GEI NI TING

日知童书◎编著

责任编辑	张东升	美术编辑	吴金周
文稿撰写	张丽莹	责任校对	林泉 吴玥
文图编辑	卢雅凝	责任印制	周奇
装帧设计	罗雷 段瑶		

出版发行	四川人民出版社（成都市三色路238号）
网　址	http://www.scpph.com
E-mail	scrmcbs@sina.com
新浪微博	@四川人民出版社
微信公众号	四川人民出版社
发行部业务电话	（028）86361653 86361656
防盗版举报电话	（028）86361653
照　排	
印　刷	文畅阁印刷有限公司
成品尺寸	190mm×230mm
印　张	5
字　数	70千字
版　次	2023年12月第1版
印　次	2024年2月第2次印刷
书　号	ISBN 978-7-220-13536-1
定　价	40.00元

什么是世界遗产呢？譬如那些大家耳熟能详的故宫、兵马俑、金字塔、黄石国家公园、贝加尔湖……它们不仅代表了人类的智慧和创造力，也反映了地球生态系统的多样性和美丽。

所以，并不是随意一栋建筑、一处景观就能被称为世界遗产，它们都需要经过严格的评选——自1977年起，每年都有众多来自世界各地的"选手"参赛，但只有被联合国教科文组织和世界遗产委员会两大权威评委亮灯通过，才能获此殊荣。

那些著名的文化景观和建筑，不仅具有历史研究和艺术欣赏价值，更是人类文明的重要象征，这些反映社会发展的物质和精神文化遗存便是文化遗产；自然遗产则包括了众多美丽的自然景观和现存的珍稀或濒危动植物物种生态区等。文化遗产和自然遗产的关系十分亲密，就像是一对形影不离的好朋友，那些兼具自然与文化之美的遗产则被评选为自然与文化双重遗产，如峨眉山既是中国四大佛教名山之一，又因其丰富的动植物资源被称为"植物王国"和"天然动物园"。

本书选取了100多个比较有代表性的世界遗产，作为开启文明殿堂的钥匙，让更多的读者能够感受到美的震撼。而我们除了欣赏这些遗产的魅力，更应该珍惜和保护它们，让这些遗产可以流传下去，为后来者传递那超越了时空的情感与力量！

德国社会学家齐美尔曾说过：站在遗址和废墟上，人们可以意识到，无论人类的文化和精神强大到什么程度，时间和自然的力量终究是不可抗拒的。与永恒的时间和空间相比，人类不过是沧海一粟，渺小之极。这些世界遗产存在的意义，便是让我们始终保有对文化传承的使命感和对大自然的敬畏之心！

目录 CONTENTS

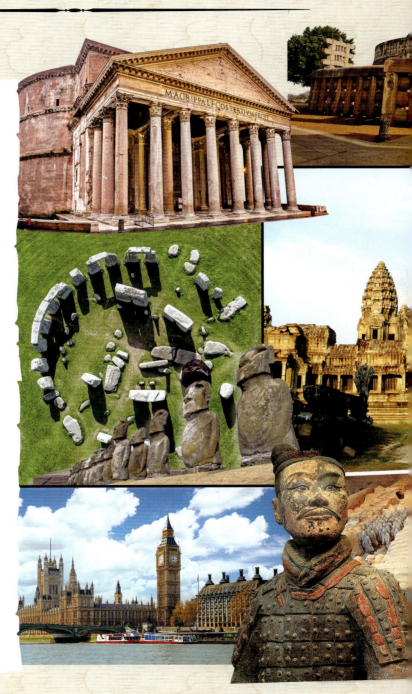

4

众神的居所：希腊

6

追寻文艺复兴的光影：意大利

8

浪漫交织法兰西：法国

10

沉默的石头

12

莱茵河流过的地方：德国

14

梦中的城堡

16

横跨亚欧的世界遗产：俄罗斯

18

奇景穿过不列颠：英国

20

最小的国家和最大的教堂

22

五千年文明看中国

24

明清时期的皇家建筑

26
时光雕刻的风情小镇

28
中国的世界奇观

30
动漫里的日本建筑

32
恒河流域的古老文明：印度

34
享誉世界的亚洲古城

36
感受千年石窟艺术

38
热情、开放的美洲文明：美国

40
不可错过的国家公园

42
大大的金字塔和神庙：埃及

44
独具特色的非洲文明

46
非洲草原上的原始风情

48
大洋洲奇遇记

50
大自然雕刻出的世界遗产

52
世界史中的古文明

众神的居所：希腊

希腊是一个拥有独特魅力的国度，它的美不仅来自地中海与爱琴海那梦幻绮丽的自然风光，也流转于苏格拉底、柏拉图等著名哲学家的思想体系上，而悠久又迷人的希腊神话、传说、古代奥林匹亚运动会等等，无一不令人神往。

帕特农神庙

01

> **遗产名称：**雅典卫城
>
> **入选时间：**1987 年
>
> **遗产类别：**文化遗产
>
> **包括：**山门、帕特农神庙、伊瑞克提翁神庙和雅典娜胜利神庙

智慧女神守护的城市

雅典是希腊首都，也是希腊最大的城市，位于巴尔干半岛最南端，以

希腊神话中十二主神之一的智慧女神"雅典娜"的名字命名。这是一座古老而又充满活力的城市，有记载的历史超过 3000 年，被誉为"西方文明的摇篮"。雅典卫城被视为西方民主的起源地，帕特农神庙是卫城中最有名的建筑之一，有"希腊国宝"之称。

雅典卫城雅典娜神像

02

> **遗产名称：**阿索斯山
>
> **入选时间：**1988 年
>
> **遗产类别：**自然与文化双重遗产

全球唯一的"男人国"

在希腊东北部，毗邻爱琴海的恰尔基迪半岛，有一座拥有独立法律、完全自治的特殊"圣山"——阿索斯山。这里青山连绵，树林密布，地形陡峭，是大自然鬼斧神工的杰作，而人们依托地形修建的几十座修道院，气势宏伟，建筑形式独特，形成了自然与社会的完美结合。10 世纪以来，阿索斯山一直被认为是东正教的精神中心。

阿索斯山上的西蒙佩特拉斯修道院

"圣山"也有例外

阿索斯山是世界上独一无二的"男人国"，唯一的"女性"是圣母玛利亚的神像，这里严禁女性、儿童进入。隐居于此的修士们，穿清一色的黑袍，长发，食素，严格遵守教规，日复一日地诵经祈祷和劳作。然而，希腊内战期间，阿索斯山并没有拒绝收容妇女和女童。

阿索斯山不仅禁止妇女、儿童进入，甚至不允许雌性动物在此生存。

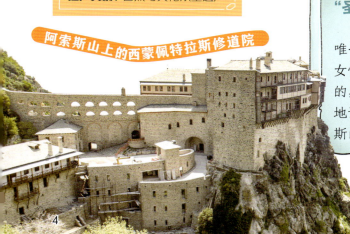

雅典卫城是希腊最杰出的古建筑群和著名地标，位于雅典市中心的卫城山丘上，在雅典的各个地方都能看到它威严气派的身影，其历史可追溯到 2500 多年前。这里处处散发着浓郁的历史气息和古典韵味，尤其是伊瑞克提翁神庙。它是雅典卫城建筑中爱奥尼柱式的典型代表，其南端的 6 根石柱是用大理石雕刻而成的少女像，雕像巧妙地顶起了石顶。大英博物馆的正面廊柱就是严格参照这座神庙的柱式设计的。

雅典卫城

雅典娜

旁边的猫头鹰是掌管学问和智慧的雅典娜的圣鸟。

伊瑞克提翁神庙

03

奥运会期间，奥运圣火是不能熄灭的！

诸神会聚之地

奥林匹亚位于希腊南部平原，是古希腊人祭祀主神宙斯的宗教中心和体育竞技活动中心，也是现代奥运会的发祥地。这里的古奥林匹亚竞技场依然保持着原貌，场内可容纳约 4 万人。竞技场与附近的演武场、会议大厅、圣火坛、奥林匹亚博物馆以及其他建筑共同构成了庞大的建筑群。现在，这里仍是弘扬人类崇高体育精神的圣地。

遗产名称： 希腊奥林匹亚考古遗址

入选时间： 1989 年 **遗产类别：** 文化遗产

包括： 宙斯神庙和宙斯之妻赫拉的神庙，以及与运动会有关的建筑

奥林匹亚是现代奥运会诞生的地方，也是如今奥运圣火点燃仪式的举办地。

宙斯神像

追寻文艺复兴的光影：意大利

14—16世纪的欧洲，兴起了一场思想文化运动，史称"文艺复兴"。意大利佛罗伦萨、威尼斯等城市就是这场运动的发祥地，也是当时欧洲的艺术中心。

 01

> **遗产名称**：罗马历史中心，城内罗马教廷管辖区和圣保罗教区
>
> **入选时间**：1980年
>
> **遗产类别**：文化遗产
>
> **包括**：古罗马广场、万神殿以及罗马天主教的许多宗教和公共建筑等

韦帕芗（罗马第九位皇帝）想让罗马百姓有点乐子，就下令修建了这座巨大的竞技场，一个被喻为"罗马人的乐园"的暴力之地。

罗马竞技场

"罗马人的乐园"

罗马竞技场是出了名的暴力与血腥的代表，因为这里曾是人和野兽、人和人搏斗，且必须以一方死亡为终结的角斗舞台。罗马竞技场是罗马的地标性建筑，共4层，高近50米，可容纳约9万名观众，距今有2000多年的历史。直到404年，残酷的角斗表演才被禁止。今天，人们透过断壁残垣，依然能够嗅出古代角斗的血腥味道。

供奉古罗马神祇的地方

万神殿是古罗马供奉众神的庙宇，原本是古罗马帝国第一位皇帝屋大维的女婿阿格里帕建造的，因为一场大火，被烧得只剩下一个长方形的柱廊。现在的万神殿是118—128年重建的。后来，这里又成了埋葬名人骸骨的地方，著名画家拉斐尔就长眠于此。

万神殿

万神殿的地基、墙和穹顶是用火山灰水泥筑建成的。

 02

> **遗产名称**：比萨大教堂广场
>
> **入选时间**：1987年
>
> **遗产类别**：文化遗产
>
> **包括**：大教堂、洗礼堂、比萨斜塔和墓园

斜而不倒的奇景

起初，人们只是想建一座笔直的钟塔，谁知道动工几年后，塔身开始倾斜。原来，塔基的土壤是由粉质沉淀物和软软的黏土混合而成的，十分松软，以至塔身倾斜。但人们经过不断修正补救，调整砖石之间的黏合度，巧妙地让塔斜而不倒。

比萨斜塔

消失的古城

庞贝古城位于维苏威火山东南方向，始建于公元前 4 世纪。公元 79 年，维苏威火山爆发，将整个城市掩埋于火山灰之下。然而正是这场灾难，才使庞贝古城躲过了岁月的侵蚀，完整地保留了古罗马的城市风貌。

维苏威火山喷发

03

遗产名称：庞贝、赫库兰尼姆和托雷安农齐亚塔考古区

入选时间：1997 年　遗产类别：文化遗产

包括：庞贝、庞贝的米斯特利别墅、赫库兰尼姆等

庞贝古城遗址

04

遗产名称：圣母玛利亚感恩教堂与达·芬奇的作品《最后的晚餐》

入选时间：1980 年　遗产类别：文化遗产

圣母玛利亚感恩教堂

"最后的晚餐"

位于意大利米兰的圣母玛利亚感恩教堂，是文艺复兴时期的明星建筑，主要是因为达·芬奇的名画《最后的晚餐》就画在这座教堂的墙壁上。达·芬奇运用透视法构图，将整个房间作为画作的延伸，所有进入大厅看画的人，仿佛都是"最后的晚餐"的参与者。

《最后的晚餐》

亚德里亚海明珠

文艺复兴时期，威尼斯诞生了自己的艺术体系，包括"威尼斯画派"、威尼斯哥特式建筑等。不过最让人记忆深刻的，还是它"水上城市"的特点。威尼斯的房屋一出门就是水，人们去哪儿都靠船。

遗产名称：威尼斯及其潟湖

入选时间：1987 年

遗产类别：文化遗产

05

威尼斯港湾

威尼斯特有的交通工具有一个独具特色的名字——贡多拉。

7

浪漫交织法兰西：法国

要说世界上哪个国家最浪漫，那非法国莫属，其首都巴黎更是享有"世界花都""浪漫之都"的美称。此外，法国还有普罗旺斯的薰衣草田、波尔多的飘香美酒……那些充斥着浓厚艺术氛围的名胜古迹，以及风情万种的田园风光，无不令喜爱浪漫的人心向往之。

哥特式建筑

哥特式建筑的风格特点是尖塔高耸、尖肋拱顶、大面积的彩色玻璃窗等。第一座真正的哥特式教堂是法国巴黎郊区的圣丹尼教堂，早期哥特式教堂的代表是巴黎圣母院。

01

遗产名称：	巴黎圣母院
入选时间：	1991 年
遗产类别：	文化遗产

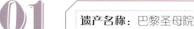

大火之前的巴黎圣母院

油画《自由引导人民》中的法国七月革命是小说《巴黎圣母院》的创作背景。

《自由引导人民》

石头的交响乐

法国作家雨果的小说《巴黎圣母院》让这座始建于 1163 年的教堂名扬四海。圣母院的墙壁、屋顶等都是用石头雕砌而成的，雕饰华丽精美，被雨果喻为"石头的交响乐"。2019 年巴黎圣母院突发火灾，标志性的屋顶尖塔倒塌。

02

遗产名称：	凡尔赛宫及其园林
入选时间：	1979 年
遗产类别：	文化遗产

太阳国王的宫殿

凡尔赛宫是巴黎郊外的著名宫殿，是法国国王路易十四下令以一座行宫为基础而修建的。凡尔赛宫建有许多奢华的建筑，装饰富丽堂皇。金光璀璨的装饰加上栩栩如生的壁画，给观赏者带来一场视觉盛宴。19 世纪，凡尔赛宫被修复改造为国家博物馆。

凡尔赛宫

朕即国家！

路易十四雕像

欧洲西南部最大的山脉

比利牛斯—佩尔杜山位于法国和西班牙两国交界处，是阿尔卑斯山脉向西南方延伸的一部分。这里的湖泊、瀑布、冰川、大峡谷等秀美奇特的自然景观令人流连忘返，各种常见的、稀有的动植物随处可见。站在雄伟壮观的山脉上眺望，你会发现草原、村庄、牧场等构成了一幅恬静的田园生活图景。

03

遗产名称：	比利牛斯—佩尔杜山
入选时间：	1997 年（1999 年扩展范围）
遗产类别：	自然与文化双重遗产

比利牛斯—佩尔杜山是法国和西班牙的天然国界。

04

遗产名称：	巴黎塞纳河畔
入选时间：	1991 年
遗产类别：	文化遗产

"铁器时代"的纪念碑

举世闻名的埃菲尔铁塔是巴黎的地标性建筑。这座铁塔耗费大约 8500 吨钢材，仅用了两年多时间便建成了。铁塔原本是为了庆祝法国大革命 100 周年、举办国际博览会而建造的，现在塔上装设了电视天线，成为世界上"年纪最大"的电视塔。

埃菲尔铁塔

遗产名称：	枫丹白露的宫殿和园林
入选时间：	1981 年
遗产类别：	文化遗产

05

"美丽的泉水"

走进塞纳河左岸的枫丹白露镇，如同闯入了一个童话世界，因为在这座占地面积约 170 平方千米的森林里，有着古色古香的城堡、宫殿、院落和园林。枫丹白露宫原来是中世纪城堡，是法国国王狩猎时休息的行宫。从 16 世纪开始，经过历代法国君主的改建，现在它已成为法国王室最大的行宫。

塞纳河的特别之处是，它将巴黎分成了两岸——左岸是文艺创作灵感汇集的地方，右岸则是商业中心。

枫丹白露宫

沉默的石头

一座座奇幻的石头山，一块块人力无法打造的石头，都是地球留给人类的奇观。这些"疯狂的石头"像一个个特立独行的勇士，像一个个跳脱的音符，彰显着地球无与伦比的神力。在这些奇迹面前，人类的渺小更显真切。

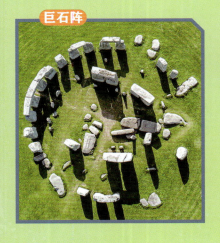

巨石阵

巨石阵、埃夫伯里和相关遗址
● 英国　● 1986 年　● 文化遗产

英国伦敦西南的索尔兹伯里平原上，有一个公元前 4000—前 2000 年留下的巨石阵。巨石阵是由大约 100 根巨石柱围成的一个圆圈。这些石头是怎么搬来的呢？这个谜题到现在都没有解开。科学家们经过研究发现，这些石头都来自几十千米以外的地方，或许是用雪橇之类的工具拖运来的。但是多大的雪橇，用多少人，才能拖动几十吨的石头？这简直难以想象！甚至有人认为，这肯定是外星人留下的遗迹。

复活节岛石雕像
● 智利　● 1995 年　● 文化遗产

复活节岛是南太平洋上一座孤零零的小岛，岛上有令人震惊的巨石雕像。这些巨石雕像都矗立在海边，非常高大，一般有 3—10 米高，重达几十吨。石像的外形非常奇特：大多没有脚，双臂垂于两旁、下巴突出、耳朵很长、眼窝深陷，有的还戴着 10 吨重的红色王冠。时至今日，这些石像象征着什么，是谁雕刻的，如何运输并排列成行，还有来历诡异的原始岛民，依旧是世界上最大的谜团之一。

拉帕努伊人

拉帕努伊人的武器

拉帕努伊人狩猎

复活节岛岛民被称为"拉帕努伊人"，岛上的巨石雕像据说是他们已故首领的雕像。

大津巴布韦遗址

●津巴布韦 ●1986 年 ●文化遗产

在非洲东南部有一处非洲土著文化的建筑遗址，1871 年首次被发现后，该遗址便被视为非洲文明的象征。因遗址的名字与津巴布韦国家的名字一样，所以人们将之命名为"大津巴布韦"，也就是石头房子的意思。这座石头城的历史最早可追溯到铁器时代，后来不断扩建，在 13 世纪时成为统治中心，直至 18 世纪王国首都北迁，这些石头房子才渐渐被弃置，最终演变为历史长河中一个沉默的"证人"。

大津巴布韦遗址

津巴布韦 100 元纸币上的大津巴布韦遗址。

蒂亚瓦纳科古印第安文化遗址

●玻利维亚 ●2000 年 ●文化遗产

太阳门

在玻利维亚海拔 3800 多米的荒凉高原上，一座废弃的城池给现代人带来诸多未解之谜。这是一座由巨大的石块构建的宏伟城池，其中有多尊人形雕像，雕像都有一双大大的眼睛，面无表情，双手持神秘器物，仿佛是城市的守卫者。著名的太阳门是由一块巨大的山岩凿成的。门上刻着手握权杖、头部放光的太阳神。令人吃惊的是，每年秋分日，黎明的第一缕阳光总是从石门穿过，射向大地。现代人难以想象，古代的建造者是如何掌握这么精确的天文学知识的。没有人知道整座城市是谁建造的，也没有人知道确切的兴建时间。

纳斯卡巨画

●秘鲁 ●1994 年 ●文化遗产

在南美洲秘鲁的纳斯卡荒漠上，有一个由几千条直线、弯线纵横交错形成的"图案广场"。这些线条是土地表层的沙石被挖去，露出原始灰石层形成的。里面有种类繁多、令人惊叹的动植物图案，这些图案中最古老的距今约 2000 年，覆盖了 500 平方千米的土地。人们至今也不知道这些巨画是谁创作的，也不知道这些巨画有什么用途，又是如何被创作出来的。

莱茵河流过的地方：德国

全长 1320 千米的莱茵河，在德国境内的长度约占总长度的 70%。德国人在莱茵河两岸定居，一代代繁衍生息。他们将莱茵河称为"父亲河"。

遗产名称：魏玛和德绍的包豪斯建筑及其遗址

入选时间：1996 年

遗产类别：文化遗产

包豪斯校舍

包豪斯设计学院图书馆

建筑技术与艺术的融合

1919 年，包豪斯设计学院在德国魏玛建成，简称"包豪斯"（德语的"房屋建筑"一词倒过来再音译，就是"包豪斯"名字的由来）。以包豪斯学院为基地，衍生出现代建筑的一个重要派别——现代主义建筑学派，它讲求建筑功能、技术和经济效益。包豪斯的设计和研究工作对建筑的现代化产生了很大影响。

02

遗产名称：科隆大教堂

入选时间：1996 年

遗产类别：文化遗产

最完美的哥特式教堂

科隆大教堂是科隆的标志，它的修建历时 632 年（1248—1880），其间因宗教改革原因不断停工。教堂中央的双尖塔高 161 米，被视为"最接近"上帝的地方。

科隆大教堂

教堂拱门

教堂内部

科隆大教堂的彩色花窗玻璃

玻璃上的宗教故事，起到了向不识字的民众宣传宗教信仰的作用。

03

遗产名称：吕贝克汉萨同盟之城
入选时间：1987 年
遗产类别：文化遗产
包括：霍尔斯滕门、圣玛丽教堂、市政厅、布登波洛克宅邸等

"汉萨女王"

1143 年，德国北部建立了一座城市，取名吕贝克，意为"迷人的地方"。1356 年，吕贝克倡导成立城市之间的商业、政治联盟——汉萨同盟，并且担任盟主，获得"汉萨女王"的美誉。

吕贝克曾经是欧洲最富有、最强大的城市，后来因战乱遭到损毁，但它仍旧保存着大量欧洲中世纪的古迹，具有极高的历史价值。

圣玛丽教堂

杏仁糖果是吕贝克的特产。

霍尔斯滕门

霍尔斯滕门建于1964年，是吕贝克的象征。

吕贝克

04

遗产名称：弗尔克林根钢铁厂
入选时间：1994 年
遗产类别：文化遗产

弗尔克林根钢铁厂是第一个世界工业文化纪念物。

裸露在外的工业心脏

1873 年，尤里乌斯·布赫在德国西部靠近法国边境的弗尔克林根市，建造了一座占地 0.6 平方千米的钢铁厂，此后 100 多年间，弗尔克林根钢铁厂一直是德国最大的钢铁厂。1986 年，钢铁厂全线停产，高炉设备被划为建筑文物保护单位。弗尔克林根钢铁厂是唯一一个保存完好的钢铁厂遗址。

05 充满美丽幻想的建筑

在阿尔卑斯山脚下，一片辽阔草地的正中央，耸立着一座与众不同的教堂——维斯朝圣教堂。8 世纪时，其声望一度风靡整个欧洲，人们蜂拥而至，只为了一睹传说中流泪的救世主雕像。维斯朝圣教堂是建筑师多米尼库斯·齐默尔曼的手笔，其色彩丰富，基调欢快，是洛可可风格的完美杰作。

遗产名称：维斯朝圣教堂
入选时间：1983 年
遗产类别：文化遗产

维斯朝圣教堂内部

梦中的城堡

你一定发现了，欧洲到处都有城堡。这些城堡有的是贵族居住地，有的是军事要塞，有的是领地标志。可以说，欧洲的城堡不仅造型多样，还有着悠久的历史和动人的传说。

维尔茨堡宫、宫廷花园和广场
● 德国　● 1981 年　● 文化遗产

维尔茨堡宫修建于 18 世纪，原本是维尔茨堡主教兼大公的府邸，整座宫殿的设计属于巴洛克式风格。宫前广场上有法兰肯守护女神的喷泉，宫内有装饰精美的大厅，还有拥有 600 平方米世界最大天花板壁画的阶梯大厅。

尚博尔城堡
● 法国　● 1981 年　● 文化遗产

布拉格历史中心
● 捷克　● 1992 年　● 文化遗产

1519 年，法国国王弗朗索瓦一世决定在卢瓦尔河左岸的科松镇修建一座城堡。据说，他还特意请了当时的著名画家达·芬奇来帮忙设计草图。遗憾的是城堡的主体刚刚建成，国王就去世了，而城堡直到 150 年后才全部完工。城堡主厅里的双螺旋楼梯举世闻名，两个楼梯围绕一个轴心盘旋而上，但沿着楼梯同时上去的人却永远不会产生交集。

布拉格城堡位于布拉格伏尔塔瓦河边的丘陵上，是捷克历届总统的办公室，所以又称"总统府"。1992 年，布拉格城堡作为布拉格历史中心的一部分被联合国教科文组织列入《世界遗产名录》。

圣维特大教堂是布拉格城堡的核心建筑，它曾是捷克王室加冕仪式的举办地与王室成员辞世后的遗体安放地。教堂内收藏着捷克国王 14 世纪以来使用的王冠和权杖，还有国王的雕像和画像等。

尚博尔城堡内部的楼梯

尚博尔城堡由之前王公贵族狩猎的场地变成尚博尔公园，是欧洲最大的封闭式公园。

佩纳宫的外墙以红色和黄色为主。

辛特拉文化景观

● 葡萄牙　● 1995 年　● 文化遗产

葡萄牙里斯本西郊的辛特拉镇，在诗人拜伦眼中是一个可以媲美伊甸园的小城镇。这里山峦起伏，曲径通幽，树木茂密葱翠，葡萄牙国王的离宫——佩纳宫便坐落在这里。佩纳宫的建筑风格呈现一种"大杂烩"形式——哥特式、摩尔式、文艺复兴式等多种风格混合而成，有一种独特的美。

蒙特城堡

● 意大利　● 1995 年　● 文化遗产

意大利南部的蒙特城堡有着"意大利最美城堡"的盛名：它完美融合了古罗马式、东方伊斯兰、北欧哥特式等多种风格；它是一个完全对称的八边形建筑——8 个角上各建有一座高塔，城堡共两层，每层都有 8 间由拱柱支撑的房间。

蒙特城堡最初是腓特烈二世打猎时的居所。1249 年，腓特烈的私生女在此举行婚礼。后来，城堡被改作监狱，并在 17 世纪被遗弃。1876 年，蒙特城堡被收归国家，意大利政府做了许多城堡修复工作。

蒙特城堡被印在意大利铸造的一分钱欧元的背面。

马尔堡的条顿骑士团城堡

● 波兰　● 1997 年　● 文化遗产

波兰的马尔堡镇上有一座以红砖为主要建筑材料的城堡，名叫马尔堡城堡。这里曾是条顿骑士团的总部，因此又叫条顿骑士团城堡。城堡从 13 世纪至今，历经战火洗礼、损毁和重建，具有十分重要的历史意义。现在，城堡内设有琥珀博物馆和古代兵器博物馆。

马尔堡城堡是世界上最大的欧式城堡，里面曾经住着 3000 名骑士团成员。

横跨亚欧的世界遗产：俄罗斯

俄罗斯横跨亚欧大陆，东西方文化在这里碰撞、交融，它既有东方的神秘和含蓄，又兼具西方的奔放与热情……这个国度有难以言说的风情，就像俄罗斯人最爱的美酒伏特加，看上去晶莹澄净，入口后清淡爽口，却又给人烈焰灼烧般的刺激感。

01

遗产名称：	贝加尔湖
入选时间：	1996 年
遗产类别：	自然遗产

贝加尔湖

贝加尔海豹白天会爬到岸边或浮冰上晒太阳。

西伯利亚的蓝眼睛

贝加尔湖位于俄罗斯东西伯利亚南部，是世界上最深的淡水湖，也是世界上淡水储量最大的湖泊，占全球地表淡水总量的1/5。湖中生活着世界上唯一的淡水海豹种群——贝加尔海豹。

02

遗产名称：	圣彼得堡历史中心和建筑群	
入选时间：	1990 年	遗产类别：文化遗产
包括：	冬宫与皇宫广场、夏花园与夏宫、圣伊萨克大教堂等	

像石头一样"硬"的城市

圣彼得堡是俄罗斯第二大城市，也是俄罗斯最大的海港。1712年，彼得大帝把首都迁到这里。之后200年间，圣彼得堡一直是俄罗斯的政治、经济和文化中心。为了纪念列宁，1924年圣彼得堡还曾改名为列宁格勒。第二次世界大战期间，德军围城长达872天，列宁格勒保卫战领导人朱可夫说："即使战斗到只剩一个人，也要守住列宁格勒！"最终，苏联军民取得了胜利，但也付出了百万人丧生的惨痛代价。

彼得大帝像

瓦涅大街

夏宫

冬宫

圣伊萨克大教堂

PETRO PRIMO
CATHARINA SECUNDA

遗产名称： 克里姆林宫和红场

入选时间： 1990 年

遗产类别： 文化遗产

权力与革命

红场，意为"美丽的广场"，是俄罗斯举行各种大型庆典及阅兵活动的场地。红场的地面全部由条石铺成，西侧是列宁墓、克里姆林宫的红墙及三座高塔，在列宁墓与克里姆林宫的红墙之间，有 12 块苏联政治家的墓碑。

俄罗斯国家博物馆

圣瓦西里大教堂

红星闪烁的克里姆林宫

克里姆林宫是俄罗斯总统的住所和办公地，是一组建筑物的总称。塔楼上的红五星是用红宝石做成的，外面镶嵌了金属边框，内置照明灯，在夜色里就像闪闪的红星。

俄罗斯谚语这样形容克里姆林宫："莫斯科大地上，唯见克里姆林宫高耸；克里姆林宫上，唯见遥遥苍穹。"

克里姆林宫

列宁墓

木结构教堂

遗产名称： 基日岛的市结构教堂

入选时间： 1990 年

遗产类别： 文化遗产

包括： 变形教堂、八角形钟楼、代祷教堂

木头制造的传奇

基日岛的木结构教堂将变形教堂、代祷教堂和钟楼完美结合。其中，变形教堂是俄罗斯现存最古老的木结构教堂，整个建筑没有使用一颗钉子，完全通过木板之间的狭槽镶嵌而成。代祷教堂由 8 个圆形屋顶环绕着中央的洋葱形穹顶组成，是俄罗斯木结构建筑中的独特存在。两座木质教堂与八角形钟楼构成了完美的木结构建筑景观。

17

奇景穿过不列颠：英国

提起英国，每个人的脑海里可能会出现不同的"标签"：时尚、典雅、自由、繁华……其实，这些都是英国。

威斯敏斯特宫

威斯敏斯特宫的东北角是举世闻名的"大本钟"。

01

遗产名称： 威斯敏斯特宫、西敏寺和圣玛格丽特教堂

入选时间： 1987 年

遗产类别： 文化遗产

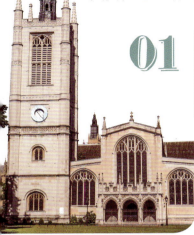

圣玛格丽特教堂

圣玛格丽特教堂建于 12 世纪，以绚丽多彩的玻璃窗闻名于世，是英国上流社会举办婚礼的首选地。

英国的国家名片

威斯敏斯特宫始建于 11 世纪，最初是英国国王的宫殿，1547 年起成为英国议会所在地。1840 年开始，英国人在宫殿旧址上扩建了现在的议会大厦。

02 晦暗与荣耀的历史

遗产名称： 伦敦塔

入选时间： 1988 年

遗产类别： 文化遗产

包括： 白塔、国王王宫、圣托玛斯塔等

伦敦塔桥

伦敦塔最初是威廉一世为了保护伦敦而建的军事防御系统。后来，历代王朝又修建了一些建筑，使伦敦塔有了堡垒、军械库、国王宫殿、国库、天文台等各种功能。伦敦塔现在是英国著名的博物馆之一，地下室内设有皇家珍宝馆，用来展示英国皇室的权杖、珠宝等。

03 以"洗浴"命名的城市

遗产名称： 巴斯城

入选时间： 1987 年

遗产类别： 文化遗产

包括： 罗马神庙、古罗马浴场、巴斯修道院、大泵房等

巴斯城

巴斯城里的古罗马浴场

"Bath"在英文里有洗浴的意思。早在古罗马时期，巴斯城就是罗马人的温泉疗养中心。直到现在，巴斯城的街道和建筑，还保留着 18 世纪的风貌。

04

遗产名称：布伦海姆宫

入选时间：1987 年

遗产类别：文化遗产

温斯顿·丘吉尔

丘吉尔庄园

1705 年，英国女王安妮为了表彰约翰·丘吉尔公爵在布伦海姆战争中大败法军，将伍德斯托克的一片土地赏赐给了他，并拨款为他建造了一座宫殿，赐名"布伦海姆宫"。此后，丘吉尔家族一直居住在这里，第二次世界大战期间，英国的首相温斯顿·丘吉尔就在此出生，所以人们常叫它"丘吉尔庄园"。

布伦海姆宫

05

遗产名称：格林尼治海岸地区

入选时间：1997 年

遗产类别：文化遗产

包括：普拉森舍宫、皇家天文台等

格林尼治皇家天文台

双脚跨越东西半球

伦敦东南部的格林尼治海岸区是英国皇家行宫和格林尼治皇家天文台的所在地。1675 年，英国国王查理二世决定在格林尼治山顶修建英国皇家天文台。1884 年，通过格林尼治天文台的经线被称为本初子午线。从本初子午线开始分别向东向西计量地理经度，从 0° 到 180°。

06

遗产名称：圣基尔达岛　　入选时间：1986 年

遗产类别：自然与文化双重遗产

与世隔绝的小岛

圣基尔达岛是由赫塔岛、杜文岛、索厄岛与博雷岛等岛屿组成的火山群岛。18 世纪初，岛上还有大约 200 位居民，但 1930 年之后，这里就无人居住了。现今，岛上残存的石屋遗迹已成为野羊的巢穴。在鸟类繁殖的高峰期，岛上还会聚集100 万只左右的各种鸟类，这对维持陆地与海洋生态系统多样性起着至关重要的作用。

盘旋在圣基尔达岛悬崖顶上的北极燕鸥。圣基尔达岛上有欧洲最大的鸟群，有 6 万多个鸟巢。

圣基尔达岛

最小的国家和最大的教堂

想看看教皇居住的地方是什么样的吗？你想知道在哪里可以看到米开朗琪罗、拉斐尔等艺术大师的真迹吗？这个国家非常小，小到连大使馆都要设在国外，但是整个国家都是世界文化遗产，有着数不清的奇珍异宝。

遗产名称：	梵蒂冈城
入选时间：	1984 年
遗产类别：	文化遗产

世界最小的国家

在意大利的首都罗马城内有一个非常小的"国中国"——梵蒂冈，它是世界上领土面积最小、人口最少的国家。它究竟有多小呢？它的面积只有天安门广场那么大，用不了 1 个小时，你就能走遍整个国家。这个国家虽然袖珍，但影响力巨大。它有气派的教堂和数量惊人的世界级艺术瑰宝。它还是天主教教徒心中的"圣城"。

01

世界上最小的国家级博物馆

梵蒂冈博物馆原是教皇的宫廷，后被改为国家博物馆。它拥有 12 个陈列馆和 5 条艺术长廊，汇集了古希腊、古罗马的遗物以及文艺复兴时期的艺术精品。如古老高大的太阳神阿波罗雕像、米开朗琪罗的《创世纪》和《最后的审判》、拉斐尔的《雅典学院》等。

梵蒂冈博物馆的螺旋楼梯

柏拉图

亚里士多德

拉斐尔《雅典学院》

02

《创造亚当》

亚当

上帝

画在天花板上的画

米开朗琪罗的《创世记》，画在了梵蒂冈博物馆中西斯廷教堂的天花板上，画幅约 500 平方米，画中共计 300 多个人物，每位男性都是美学中理想的力量型人物。

圣彼得大教堂

《哀悼基督》

03 "天主教圣地"圣彼得大教堂

你知道在哪里能见到教皇吗？当然是梵蒂冈城中的圣彼得大教堂啦！每周日，教皇都会在这里为大众祈福。圣彼得大教堂是梵蒂冈的象征，是世界上最大的天主教教堂。它庄重雄伟，教堂中央的穹顶直径达 42 米，顶高 137.7 米，前面是被两排廊柱围绕的巴洛克广场。整座教堂建造耗时 120 年。这个伟大的建筑由众多建筑师、艺术家倾尽全力打造。教堂内保存着众多文艺复兴时期艺术家的壁画和雕刻，其中《哀悼基督》、青铜华盖和圣彼得宝座是 3 件"镇堂之宝"。

圣彼得大教堂可容纳 6 万多人。教堂外面的圣彼得广场，则能容纳大约 50 万人。

教堂的华美丽穹顶和青铜华盖

04 通往"天国"的钥匙

站在圣彼得大教堂的顶端，你便能看见像一把大钥匙的圣彼得广场和协和大道。设计师贝尼尼将圣彼得从耶稣手中接过金钥匙的故事和广场设计巧妙地结合在一起，打造出这一奇特的景观。金钥匙在梵蒂冈有着非常特殊的意义，"天堂之匙"在宗教故事中拥有开启通向天国之门的力量。如今，这把钥匙存放在圣彼得大教堂教皇宗座之上的神龛之中，是教皇身份的象征。

守卫梵蒂冈的士兵

梵蒂冈为什么会有瑞士士兵？

1527 年，在一次动荡中，负责保护教皇的 189 名瑞士近卫队中有 147 人阵亡。他们尽忠职守、英勇抗敌，最后成了梵蒂冈唯一一支保留下来的军队。

五千年文明看中国

在历史长河的滔滔浊浪中，唯一不曾间断的就是中华文明，它五千多年绵延不绝传承至今。中华文明展现给世界的，不仅是一砖一瓦、一草一木，更是中华民族骨子里的不屈精神与深厚的文化底蕴。

01 兵马俑起初是彩绘的，但彩绘有的脱落了，有的被空气氧化而变成了灰色。

遗产名称：	秦始皇陵及兵马俑坑
入选时间：	1987 年
遗产类别：	文化遗产

威武雄壮的兵马俑军阵

秦始皇凭借强大的秦国军队，实现了中华民族的大一统。那些驰骋疆场的英雄、昂扬矫健的战马，最后都化为雕塑，尘封地下。兵马俑坑是秦始皇陵陪葬坑之一，也是世界上最大的地下军事博物馆。这些兵马俑都是按照真人真马的尺寸制成的，兵俑的平均身高在 1.8 米左右。

遗产名称：	长城
入选时间：	1987 年
遗产类别：	文化遗产

03

遗产名称：	敦煌莫高窟
入选时间：	1991 年
遗产类别：	文化遗产

02 敦煌莫高窟

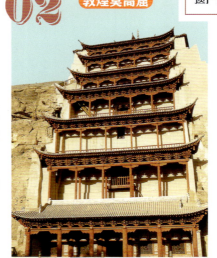

大美敦煌莫高窟

敦煌莫高窟是目前中国规模最大的石窟群，现存 492 个洞窟，4.5 万平方米壁画，2400 余尊彩塑。从 366 年乐僔和尚修建第一座洞窟开始，一直到 1000 余年后的元代，鸣沙山上的凿壁声不绝于耳。

气势磅礴的万里长城

在春秋战国时期，一些诸侯国为了防御外敌入侵，开始修筑烽火台，并且利用城墙连接，形成了最早的长城。历史上规模最大的修建长城活动发生在秦朝。秦始皇动用占当时全国 1/20 的人口去修筑长城。此后，几乎历朝历代都对长城进行加固增修，其中明朝的修筑规模最大。

布达拉宫广场上的这座过街式白塔立在道路中间，行人可以从中穿过。

由于历史上西藏地区实行政教合一的制度，因此，布达拉宫既是一座宫殿，也是藏传佛教的圣地。

04	遗产名称：布达拉宫
	入选时间：1994 年
	遗产类别：文化遗产

世界屋脊上的明珠

布达拉宫是世界上海拔最高的宫殿式建筑群。它始建于 7 世纪，是吐蕃赞普松赞干布为迎娶文成公主而修筑的。布达拉宫收藏着许多精美的文物，包括珍贵的佛像、佛经、灵塔等佛教宝物，绘有藏文化传统图案的瓷器、玉器、金银器物，有藏族特色的壁画、唐卡等。

拙政园被誉为江南古典园林的代表作。

狮子林建筑内景

05		
遗产名称：苏州古典园林		
入选时间：1997 年、2000 年		
遗产类别：文化遗产		
包括：1997 年，拙政园、留园、网师园、环秀山庄		
2000 年，沧浪亭、狮子林、耦园、艺圃、退思园		

咫尺之内再造乾坤

苏州自古有兴建园林之风，是一座风景绮丽的"园林之城"。苏州园林将住宅与山水合二为一，将亭台楼阁、泉石花木巧妙组合，使人"不出城廓而获山水之怡，身居闹市而得林泉之趣"。苏州园林中的拙政园、留园、网师园、狮子林等，因意境深远、构筑精致、艺术高雅而成为园林典范。

明清时期的皇家建筑

中国历代王朝都建有大量富有本朝特色的宫殿建筑，那些红墙黄瓦、金碧辉煌的宫殿，恢宏富丽又极具自然雅趣的园林，宏伟阔大的陵墓，每一处细节都彰显着皇家风范。

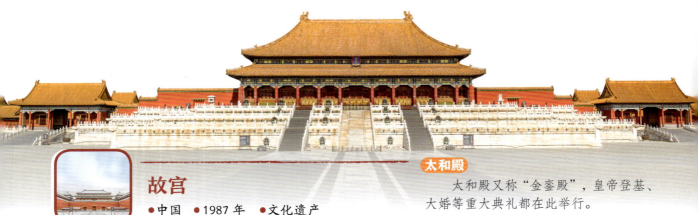

太和殿

太和殿又称"金銮殿"，皇帝登基、大婚等重大典礼都在此举行。

故宫

●中国　●1987 年　●文化遗产

北京故宫是中国明、清两代 24 位皇帝的皇宫，又名紫禁城，位于北京城中心，是一座"城中之城"。宫城内有大小宫殿 70 多座，房屋 8700 多间。紫禁城是中国古代宫廷建筑的精华，也是世界上规模最大、保存最完整的木质结构建筑群。1925 年在此设立故宫博物院，陈列中国各个朝代的艺术珍品，是中国最丰富的文化艺术宝库。

故宫

避暑山庄及周围寺庙

●中国　●1994 年　●文化遗产

天坛

●中国　●1998 年　●文化遗产

避暑山庄是中国最大的皇家园林。避暑山庄分宫殿区和苑景区，墙外有 12 座宏伟壮观的寺庙，其中 8 座由清政府直接管理，故被称为"外八庙"。宫殿区是清代皇帝在庄内处理政务、举行庆典、会见外国使臣及帝后居住的地方。

天坛是明、清两代帝王祭天和祈求五谷丰登的地方。天坛的两重坛墙南方北圆，象征着"天圆地方"。主体建筑之一祈年殿是砖木结构，由 28 根金丝楠木大柱支撑：中央 4 根"龙井柱"象征四季，中层 12 根"金柱"象征一年的 12 个月，外层 12 根"檐柱"象征一天的 12 个时辰。

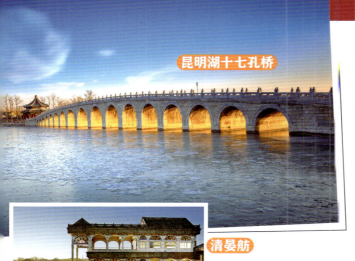
昆明湖十七孔桥

颐和园

● 中国　● 1998 年　● 文化遗产

　　颐和园的前身是清漪园，是乾隆帝送给母亲崇庆皇太后的寿礼。乾隆帝钟情于江南景色，所以在修建清漪园时几乎照搬了江南的景色。可惜这座让乾隆帝自豪的皇家园林在咸丰十年（1860）被英法联军烧毁。光绪十四年（1888），慈禧太后挪用海军经费重建清漪园，并将其改名为颐和园。

清晏舫

　　清晏舫取"海清河晏"之意，寓意天下太平。

　　这是定陵出土的金丝翼善冠，它的主人是明万历皇帝。

明清皇家陵寝

● 中国　● 文化遗产
● 2000、2003、2004 年

清东陵之孝陵

　　清孝陵是清东陵的主体建筑，位于昌瑞山主峰之下，是清世祖顺治帝的陵墓。

明十三陵之长陵

　　明清皇家陵寝指的是明清时期的皇家陵墓建筑群，建于 1368—1915 年。明十三陵是明朝迁都北京之后的 13 位皇帝长眠的地方。明朝的 16 位皇帝中，明太祖葬在南京明孝陵；建文帝下落不明，没有陵墓；景泰帝的坟墓被明英宗迁出，以"王"的身份改葬在北京西郊玉泉山；除此以外，剩下的 13 位皇帝均葬在天寿山，明"十三陵"因此得名。其中定陵是万历皇帝的陵墓，它是十三陵中唯一一座被挖掘了的陵墓。清东陵和清西陵则是清代帝王陵墓群，完美地融合了汉族和满族的建筑艺术特色。

时光雕刻的风情小镇

天地山水之间，点缀着如明珠般的迷人小镇。小镇之美，各有千秋：小桥流水人家的静谧，民俗文化的独特韵味，总能使人远离都市的喧嚣，让人放慢匆匆脚步，细品一份恬淡的幸福。

日升昌票号是中国金融的"开山鼻祖"，被誉为"天下第一号"。

日升昌

平遥县衙

平遥古城

●中国　●1997 年　●文化遗产

平遥古城是国内保存最完整的一座明清时期的古代县城，有"中国古建筑的宝库"之称。平遥古城是中国古代民居建筑荟萃的中心之一，古城内现存约 4000 处民居建筑，体现了中国古代、近代北方民居建筑典型的风格和特点。

丽江古城

●中国　●1997 年　●文化遗产

木府

　　木府始建于元代，是丽江世袭土司木氏的衙署。
　　丽江古城始建于宋末元初。据说，因为古代丽江世袭的统治者均姓木，若筑城墙，则"木"便成了"困"，因此古城不筑城墙。
　　古城中的民居大多保留着明清时代的建筑风格，多为土木结构的瓦屋楼房，既讲究结构布局，又追求雕绘装饰，外拙内秀，玲珑精巧，被中外建筑专家誉为"民居博物馆"，是中国古代城市建设的瑰宝。

古城街景

西递

宏村

皖南古村落

●中国　●2000 年　●文化遗产

　　安徽南部的古村落，反映了独具特色的地域文化和中国古人在人与自然方面的和谐统一。而西递、宏村作为其中的代表，真实地保存了传统皖南古村落的特有风貌。

土楼

福建土楼

- ●中国　●2008 年　●文化遗产

　　福建土楼是以土作墙而建造起来的集体住宅，其中以圆形的圆楼或圆寨最为著名。这种土楼分布于闽西和闽南客家人居住的地方，是客家人的传统民居建筑。土楼最显著的特点是造型大，属于集体住宅区。因为土楼墙壁较厚，所以土楼不易倒塌，既可防震、防潮、防盗，还能保温隔热，冬暖夏凉。

　　客家民居土楼，是客家文化的重要特征之一，其中以围龙式围屋、城堡式围楼和四角楼最为典型。

开平碉楼与古村落

- ●中国　●2007 年　●文化遗产

　　开平碉楼是集防卫、居住功能和中西建筑艺术风格于一体的乡土建筑群体，是开平侨乡的当地居民为了保护自己的家园而建造的。因开平水陆交通方便，有大批侨眷、归国华侨生活于此，他们的财产相当丰厚，因而成了土匪抢掠的重要目标。在这种情况下，开平人民不得不积极应对，而修建碉楼是最为有效的措施。

瑞石楼

　　瑞石楼号称"开平第一楼"，是中西建筑风格完美结合的典型。

鼓浪屿：国际历史社区

- ●中国　●2017 年　●文化遗产

　　鼓浪屿完好地保留着许多具有中外各种建筑风格的建筑物。岛上常住人口 1.8 万（2020），居民喜爱音乐，钢琴拥有密度居全国前列，被誉为"琴岛"。

鸟瞰鼓浪屿

中国的世界奇观

　　辽阔的中国大地上，存在着诸多震撼世界的奇观，它们是神奇造化铸就的美景，是大自然的鬼斧神工之作。

01

遗产名称：四川黄龙
入选时间：1992 年
遗产类别：自然遗产

黄龙雪山

五彩池

"人间瑶池"

　　黄龙的巨型地表钙华坡谷，蜿蜒于原始林海和石山冰峰之间，构成奇、峻、雄、野的环境特色，享有"世界奇观""人间瑶池"的美誉。这里的钙华景观不仅规模宏大，结构奇巧，而且类型繁多齐全，是一座罕见的天然钙华博物馆。

　　五彩池的池水异常清澈，由于池底沉淀物存在色差且池畔植物的色彩不同，原来湛蓝色的湖面变得五彩斑斓。

02

遗产名称：峨眉山—乐山大佛
入选时间：1996 年
遗产类别：自然与文化双重遗产

峨眉天下秀

　　峨眉山又称大光明山，是大峨山、二峨山、三峨山和四峨山的总称，其中大峨山海拔最高，山势最雄伟，即通常所说的峨眉山。峨眉山是中国四大佛教名山之一，山中寺庙林立，以金顶、报国寺、伏虎寺、清音阁等最为著名。

　　峨眉山还有丰富的动植物资源，有"植物王国"和"天然动物园"之称。这里生活着大熊猫、黑鹳、小熊猫、短尾猴等 2000 多种野生动物。

小熊猫不是大熊猫小时候哦！

猴子已成为峨眉山别具一格的"活景观"。

华藏寺

　　华藏寺位于峨眉山金顶主峰，是中国海拔最高的汉传寺院。

守护可可西里

可可西里的蒙古语意为"美丽的少女"。可可西里无人区是中国最大的一片无人区，也是中国最后一块保留着原始状态的自然之地。这里没有屏障，地势高峻，气候寒冷，常年刮大风，氧气稀薄。恶劣的气候限制了人类在可可西里的活动，却将这里变成了野生动物的天堂。可可西里的大部分地区仍保持着原始的自然状态，是中国动物资源比较丰富的地区，是许多国家级重点保护的珍稀物种的栖息地。

可可西里雪山

03

遗产名称：青海可可西里
入选时间：2017 年
遗产类别：自然遗产

藏野驴是国家一级保护动物。

藏羚羊是高原特有的濒危大型哺乳动物，每年初夏，成千上万的藏羚羊都会不远万里迁徙到可可西里产仔。

04

遗产名称：黄（渤）海候鸟栖息地
入选时间：2019 年
遗产类别：自然遗产
包括：盐城国家级自然保护区、大丰国家级自然保护区、东台条子泥湿地保护地块

迁徙候鸟的停歇地

每一年的迁徙季，全球数以百万的迁徙候鸟，来到江苏盐城的黄（渤）海栖息地停歇、换羽、过冬。这片栖息地是中国最"年轻"的世界遗产，也是中国第一个湿地类自然遗产。常言道，"生态好不好，鸟儿最知道"，在这里，你能邂逅可爱的鸟类精灵，能欣赏到和谐自然的唯美画卷。

金沙江"第一湾"

05

遗产名称：三江并流
入选时间：2003 年
遗产类别：自然遗产

罕见的三江并流

三江并流是指发源于青藏高原的怒江、澜沧江、金沙江"并流而不交汇"的奇特景观。三江并流地区是世界生物物种最丰富的地区之一，位列中国生物多样性保护"关键地区"的第一位。同时，这里还是罕见的多民族、多宗教信仰并存的区域。

动漫里的日本建筑

日本动漫凭借有趣的故事情节，吸引了大量的观众。那些充满特色的日本古建筑常常作为背景出现在动漫作品中。

01

遗产名称：姬路城
入选时间：1993 年
遗产类别：文化遗产

姬路城

展翅欲飞的白鹭

姬路城是一座古城堡，它有着白色的外墙和蜿蜒的屋檐，从远处看就像一只展翅欲飞的白鹭，所以又被称为"白鹭城"。姬路城由中心的大天守阁、3 座小天守阁和其他建筑组合而成，设计复杂精巧，独具匠心，有"日本第一名城"的美誉。

02

遗产名称：屋久岛
入选时间：1993 年
遗产类别：自然遗产

屋久岛

岛上生活着约 16 种哺乳动物和 150 种鸟类。

一个月下 35 天的雨

屋久岛上多山，中央的宫之浦岳高达 1935 米，是日本九州地区的最高峰，被人们称为"海上阿尔卑斯"。小岛之所以名声在外是因为它多雨的气候，当地有一句著名的俗语——"一个月下 35 天的雨"。

03

遗产名称：古都京都的文化财产
入选时间：1994 年
遗产类别：文化遗产
包括：清水寺、宇治上神社、鹿苑寺（金阁寺）、慈照寺（银阁寺）等

金阁寺

金阁寺的二层和三层贴满了金箔。

《聪明的一休》中的金阁寺

在动画片《聪明的一休》中，幕府将军足利义满喜欢和一休比拼智力，结果总是自讨苦吃，足利义满便是金阁寺的主人。金阁寺的舍利殿在 1950 年被学僧林承贤纵火焚毁，日本作家三岛由纪夫以此为题材创作了小说《金阁寺》。金阁寺于 1955 年开始重建。

04

遗产名称：严岛神社

入选时间：1996 年

遗产类别：文化遗产

严岛神社

严岛神社中保存的建筑大部分建于12世纪，最早的可以追溯到6世纪。

严岛神社的大鸟居

大鸟居是神社的大门，是"日本三景"（其余两个是松岛和天桥立）之一。

海里的神社

严岛神社由当时的日本权臣平清盛所建，社内供奉着日本传说中的三位海洋女神（即田心姬命、市杵岛姬命、湍津姬命，严岛的名字来源于市杵岛姬命）。涨潮时，严岛神社便像漂浮在海上一样，是日本唯一运用潮水涨退原理设计的建筑物。

05

遗产名称：古奈良历史遗迹

入选时间：1998 年

遗产类别：文化遗产

包括：佛教寺庙、神道神社、春日山原始林

东大寺大佛

东大寺

"东方的罗马"

奈良市曾是日本的首都，繁盛时间长达74年，这期间留下了许多杰出的建筑遗迹。目前世界上最大的单体木结构建筑东大寺就坐落在市内，寺中的东大寺大佛高达14.7米，是日本第一大佛像，被称为"奈良大佛"。

东照宫

东照宫五重塔

遗产名称：日光的神社与寺院

入选时间：1999 年

遗产类别：文化遗产

包括：东照宫、二荒山神社、轮王寺

06

德川家的圣地

自从1000多年前，胜道上人在日光山修建轮王寺和二荒山神社开始，日光山就陆陆续续修建了许多神殿。1617年，日本江户时代的大将军德川家康的灵庙东照宫开始在日光山动工，此后，日光便成为德川家的圣地。

恒河流域的古老文明：印度

古代印度是人类文明的发源地之一，也是世界三大宗教之一佛教的诞生地，从古至今始终摇曳着不一样的风情。而恒河在印度是圣河一般的存在，每一个印度人对恒河都有着不可磨灭的情结。

沙贾汗，你宁愿听任皇权消失，却希望使一滴爱的泪珠永存。

01

遗产名称： 泰姬陵
入选时间： 1983 年
遗产类别： 文化遗产

纪念爱情的永恒泪珠

泰姬陵是印度莫卧儿王朝皇帝沙贾汗为纪念其早逝的爱妻穆塔兹·马哈尔而建造的。沙贾汗花费 17 年的时间，前后调动了大约 2 万人来修建泰姬陵。为了爱情，沙贾汗不惜掏空国库来修建陵墓，成了百姓眼中的昏君。

整座陵墓用洁白的大理石筑成，墙壁上雕刻着精美的花纹，顶端巨大的穹顶直指天空。夕阳西下时，泰姬陵白色的大理石泛出夕阳的微红，让人沉醉其中。

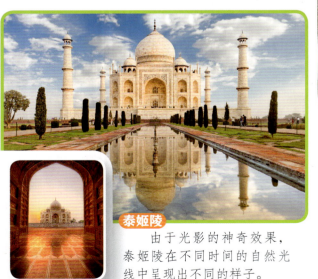

泰姬陵

由于光影的神奇效果，泰姬陵在不同时间的自然光线中呈现出不同的样子。

02

遗产名称： 阿格拉古堡
入选时间： 1983 年
遗产类别： 文化遗产

神圣的恒河

泰姬陵背面的亚穆纳河是恒河的支流。恒河是印度人的母亲河，被印度教徒视为圣河。印度教徒把恒河水视为无比洁净的圣水，并认为在恒河里洗澡能够消灾免罪。

被囚禁的父亲

阿格拉古堡隔着亚穆纳河，与闻名遐迩的泰姬陵相对。沙贾汗被儿子夺取王位后，被囚禁在阿格拉古堡，只能日夜透过小窗遥望泰姬陵。古堡内曾有 500 余座建筑，虽然经过漫长岁月的侵蚀，多已残旧失修，但昔日庄严华丽的风貌仍隐约可见。

03

印度犀

遗产名称：玛纳斯野生动物保护区

入选时间：1985 年

遗产类别：自然遗产

野生动物的乐园

　　来到印度东北部的玛纳斯野生动物保护区，就如同进入了野生动植物的家园。各种各样的动物在这片乐土上繁衍生存，包括一些濒危物种，如印度犀、恒河鳄、侏儒猪、金叶猴等。

恒河鳄是世界上最大的鳄鱼之一。

印度犀是世界上体形最大的单角犀牛，体重有 1800—3000 千克。

04

遗产名称：斋浦尔城

入选时间：2019 年

遗产类别：文化遗产

包括：城市皇宫、风之宫等

风之宫有 953 扇窗户，当遇到狂风时，需要有人打开窗户，以避免宫殿被吹倒。

粉红之城

　　斋浦尔全城可见大片的粉红色，屋顶、墙壁，甚至这里的女性选择纱丽都偏爱粉红色。就连最有特色的地标建筑风之宫，也是一座粉红色砂岩建筑。1799 年，当地王公考虑到后宫嫔妃不宜抛头露面，为了让她们可以观看城市的日常生活和节日游行，才有此设计。

05

遗产名称：桑吉佛教古迹

入选时间：1989 年

遗产类别：文化遗产

印度人将蓝孔雀定为"国鸟"，孔雀王朝便是由一支号称孔雀族的强大部落建立的。

古老的佛教圣地

　　桑吉村以"佛塔之城"闻名于世，是现存最古老的佛教圣地。相传孔雀王朝国王阿育王皈依佛教后，在全国修建了大量的佛塔，而桑吉就有8座。如今保存下来的桑吉大塔、二号塔、三号塔，以及其他的宫殿、寺院等50多座建筑，一齐营造出桑吉村浓厚的佛教氛围。

桑吉塔上的浮雕

桑吉大塔

享誉世界的亚洲古城

亚洲除了面积大、人口多，还拥有世界上最多的"世界之最"。这里有世界之巅珠穆朗玛峰，有世界陆地最低点死海；同时还是三大古文明、三大宗教的发源地……丰富多彩的景观，灿烂的文明，令人叹为观止。

大马士革城市风光

大马士革古城

●叙利亚　●1979 年　●文化遗产

被誉为"古迹之城"的叙利亚首都大马士革，始建于公元前14 世纪前后，已有 3000 多年的历史，是世界上最古老的城市之一，有"天国里的城市"之称。这里有名的大街直街，曾经是古罗马时期该城市的主要街道。历史悠久的大马士革倭马亚清真寺的西边是古罗马朱庇特（对应古希腊的宙斯）神庙的遗址。建成于 1155 年的努尔丁医院，如今已成为医学博物馆。

大马士革玫瑰以其独有的香气而闻名，被称为"玫瑰皇后"。

耶路撒冷旧城及其城墙

●耶路撒冷　●1981 年　●文化遗产

耶路撒冷同时是基督教、伊斯兰教和犹太教三大宗教的圣城，它曾在战争中被毁灭过多次。即便它已经成了废墟，毁城者还要再铲一遍，力图不留任何让人怀念的痕迹。但经过一次次重建，它又成了世界上被投注信仰最多的城市。虽然圣殿已被摧毁，但圣殿遗留下的一段护墙却成为犹太教信徒的圣地。由于犹太教信徒总是在墙前虔诚地祈祷，所以这面墙又被称为"哭墙"。

玛哈泰寺的佛像

大城的佛像、佛寺举世闻名。

大城历史城市

●泰国　●1991 年　●文化遗产

大城又称"阿瑜陀耶"，它作为泰国首都的历史长达 417 年。1767 年，大城被缅甸军队攻陷，宫廷建筑、庙宇及数千座房屋被焚毁，大量艺术珍品、图书典籍、王室档案皆化为灰烬，从此结束了大城王朝的历史。大城内现存的遗迹以寺院和佛像为主。

圣墓教堂
圆顶清真寺

顺化皇城

●越南 ●1993 年 ●文化遗产

顺化皇城是越南现存最大且较完整的古建筑群。在这个皇城中还有一座城，它的布局和建筑样式基本仿照北京城和北京故宫而建，有午门、和平、显仁和彰德 4 个城门，甚至还有太和殿、勤政殿、文明殿等，被称为"顺化故宫"，是越南最具历史价值的文化遗产之一。

水原华城还有军事防御功能。

水原华城

●韩国 ●1997 年 ●文化遗产

水原华城是朝鲜第 22 代王朝正祖大王为了向去世的父亲表示孝心而建造的城市，位于韩国京畿道的水原市。其主体建筑借鉴了中国的筑城技术，基本保留了建造时的原貌和 200 多年前城市的主要布局，并将"孝"的东方哲学思想蕴含其中，具有重大建筑学意义。

撒马尔罕

●乌兹别克斯坦 ●2001 年
●文化遗产

撒马尔罕雷吉斯坦广场全景

撒马尔罕是中亚的著名古城，最早的历史记载可追溯至公元前 4 世纪，当时名为马拉坎达。中国《史记》称其为"康居"，是丝绸之路所经的名城。撒马尔罕遗留了 14—17 世纪的许多著名古迹，以帖木儿帝国时代建造的宫殿陵寝最为壮观。撒马尔罕有五颜六色的古尔古艾米尔陵墓、宏伟的沙赫静达陵墓、著名的兀鲁伯天文台等古迹。现在撒马尔罕在旧城外又建了新城，多为现代化建筑群。

感受千年石窟艺术

为了躲避炎热的气候，更好地禅定冥想，教徒们开山凿洞，并在洞中建塑像、绘壁画，逐渐形成了集建筑、雕刻、壁画于一体的艺术派别——石窟艺术。

阿旃陀石窟

● 印度　● 1983 年　● 文化遗产

阿旃陀石窟

相传唐代高僧玄奘曾来过这里。

石窟塑像

阿旃陀石窟共有 29 窟，窟内的壁画和石像精美绝伦，以宣扬佛教为主要内容，也有反映古代印度人民生活及帝王宫廷生活的画面。当时的艺术家以丰富的想象力，运用瑰丽的色调，真实地反映了当时印度人民的生活状况。佛教在印度衰落后，阿旃陀石窟在很长一段时间湮没无闻。1819 年，英国狩猎者无意间发现了这里的洞窟，才使这里重见天日。

石窟内的壁画

格雷梅国家公园和卡帕多西亚岩石遗址

● 土耳其　● 1985 年　● 自然与文化双重遗产

数百万年前的火山喷发，加上长年累月的风化水蚀，造就了卡帕多西亚这个"火山物质王国"，这里入眼皆是由火山岩形成的石笋、断岩和岩洞。从前，生活在这里的人们精心布置着自己的洞穴家园，现在许多岩洞内还保留着代表拜占庭艺术精华的壁画。如今，在卡帕多西亚还能看到多处令人惊叹的远古地下城，最大的地下城深 55 米，共有地下 8 层。

卡帕多西亚是地球上最适合乘热气球的地方之一。

吴哥窟

● 柬埔寨 ● 1992 年 ● 文化遗产

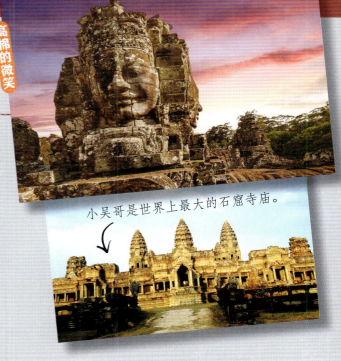

高棉的微笑

吴哥窟中，随处可见造型各异、精巧优美的浮雕和雕像。小吴哥，也称吴哥窟、吴哥寺，是柬埔寨的国宝，被印在柬埔寨国旗上。整个吴哥窟全部用巨大的砂岩石块砌成，许多石块甚至重达 8 吨。磅礴的宫殿沉睡在森林中，有陡峭的台阶、低矮的大门、长长的回廊以及大量精美的浮雕。

小吴哥是世界上最大的石窟寺庙。

龙门石窟

● 中国 ● 2000 年 ● 文化遗产

位于河南省洛阳城南的龙门石窟始凿于北魏孝文帝迁都洛阳前后，之后又大规模修凿达 400 余年。龙门石窟最有名的佛像卢舍那大佛，高 17.14 米，面容圆润，嘴角露出祥和的笑意，是一件精美绝伦的艺术杰作。

卢舍那大佛

云冈石窟

● 中国 ● 2001 年 ● 文化遗产

露天大佛高约 17 米，站在大佛面前仰望，看到的场景令人震撼。

位于山西省大同市城西的云冈石窟距今已有 1500 多年的历史，现存主要洞窟 53 个，窟龛 252 个，大小造像 5 万余尊。最早的石窟是由北魏高僧昙曜开凿的 5 个大石窟，每个石窟中央都雕刻了高大庄严的菩萨像。云冈石窟中最有名的大佛像是 5 尊菩萨像中的露天大佛。

龙门石窟现存佛洞、佛龛共 2345 个。

热情、开放的美洲文明：美国

01

无论是你爱看的迪士尼动画片，还是你喜欢的芭比娃娃，或者 NBA 球赛，这些都来自美国。作为一个超级大国，美国有哪些值得我们了解的世界遗产呢？一起来探寻一下吧！

遗产名称：梅萨维德国家公园

入选时间：1978 年

遗产类别：文化遗产

"绿色台地"

梅萨维德由 18 世纪西班牙探险家命名，在西班牙语中为"绿色台地"之意。梅萨维德国家公园里保存着大量古代印第安人的村落遗址。从前的土著居民在悬崖峭壁上凿穴而居，历史上称他们为"峭壁居民"。梅萨维德遗址的发现填补了北美地区印第安文化的空白。

02

遗产名称：独立大厅

入选时间：1979 年

遗产类别：文化遗产

象征美国独立的独立钟

独立大厅

美国独立的象征

费城在 1790—1800 年的十年间，曾是美国的首都。当时的美国国会设置在一座中间呈塔状并带有白色尖顶、外墙由红砖砌成的建筑——独立大厅内。独立大厅因是 1776 年《独立宣言》和 1787 年美国第一部宪法的签署地而闻名。

《独立宣言》于 1776 年7 月 4 日发表，这一天也成为美国独立纪念日，美利坚合众国自此诞生。

03

圣胡安海湾是加勒比海最忙碌的港口。

遗产名称：圣胡安的堡垒与历史遗迹

入选时间：1983 年　遗产类别：文化遗产

包括：圣胡安堡垒、福塔莱萨、拉夫塔莱萨宫、埃尔莫洛要塞等

圣胡安城墙

加勒比海上的重要据点

波多黎各是加勒比海的美国属地，圣胡安是其首府。始建于 1511 年的圣胡安堡垒及其周边的诸多建筑，是保护西印度群岛和西班牙帝国的海上军事基地。在后来的 400 多年中，这些要塞帮助西班牙帝国抵御了加勒比海地区印第安人和海盗的骚扰，使得当地的人们可以免受战争的威胁。

梅萨维德国家公园

阳台屋

岩画

04

遗产名称：自由女神像
入选时间：1984 年
遗产类别：文化遗产

最重的雕像

　　自由女神像是世界上最重的雕像，她矗立在美国纽约的自由岛上，是法国为纪念美国独立 100 周年赠送给美国的礼物，由法国雕塑家巴托尔迪花费 10 年时间构思并制作完成。自由女神像总高 93 米、重 225 吨，现已成为美利坚民族的象征，代表着美国人民争取民主、向往自由的崇高理想。

　　女神右手高举火炬，左手拿着《独立宣言》，脚下是打碎的手铐、脚镣。

05

遗产名称：夏各茨维尔的蒙蒂塞洛和弗吉尼亚大学
入选时间：1987 年　　遗产类别：文化遗产
包括：蒙蒂塞各庄园、弗吉尼亚大学

总统也是设计师

　　蒙蒂塞洛庄园和弗吉尼亚大学都是由托马斯·杰斐逊设计完成的。托马斯·杰斐逊是美国第三任总统，是美国《独立宣言》的起草者。同时，杰斐逊还是一位天才设计师。他在古典建筑的基础上增加了一些新的元素，使庄园和大学成为新古典主义建筑的杰作。

蒙蒂塞洛庄园

弗吉尼亚大学

杰斐逊创办此大学，并担任第一任校长。

杰斐逊雕像

06

遗产名称：陶斯村落
入选时间：1992 年
遗产类别：文化遗产

美洲原住民社区

　　6—7 世纪，随着大量的印第安移民来到美国新墨西哥州的陶斯镇，这里逐渐形成了村落。16 世纪时，西班牙探险者发现了这里，将其称为"普韦布洛"，即村庄。普韦布洛的泥砖房子，是美国西南部保存最完好的印第安建筑之一。

陶斯村落

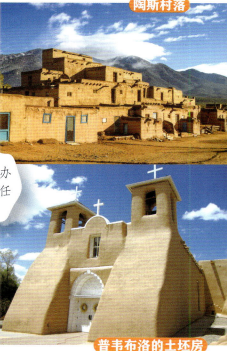

普韦布洛的土坯房

不可错过的国家公园

自美国1982年建立第一座国家公园——黄石国家公园起，国家公园运动从美国发展到全世界，由单一的公园衍生出保护地、世界遗产、生物保护区等众多概念。

夏威夷火山国家公园

●美国 ●1987 年 ●自然遗产

夏威夷群岛位于太平洋中心，它的 8 个主要岛屿、124 个小岛，都是由火山喷发形成的。其中最吸引人的是夏威夷火山国家公园，这里有两座火山——基拉韦厄火山和冒纳罗亚火山，它们是世界上十分活跃的火山。基拉韦厄火山内含许多小火山口，其中一个直径约 1000 米的小火山口，常年沸腾着炽热的岩浆，喷发时还会形成"岩浆喷泉"或"岩浆瀑布"。

基拉韦厄的意思是"吐出许多"，基拉韦厄火山的活动极为频繁，曾创下喷发高度 580 米的夏威夷最高纪录。

红杉树国家公园

●美国 ●1980 年 ●自然遗产

红杉又叫美洲杉，树干呈玫瑰一样的深红色，生命力极其顽强，据说，把它的树根切成碎片种到地里就能长出新树。红杉树国家公园有世界上现存面积最大的红杉树林。

黄石国家公园

●美国 ●1978 年 ●自然遗产

黄石国家公园位于落基山脉中北部，是世界上第一座国家公园。它的地底下潜伏着一座超级火山，有 3000 多个温泉、300 多个间歇泉、290 多个瀑布，以及风景秀丽的黄石湖。黄石国家公园是美国最大的野生动物庇护所，这里生活着黑熊、麋鹿等。

这棵加利福尼亚巨杉已经生长了 3500 多年，高 142 米，直径 12 米，树干要约 22 个成年人手拉手才能抱住。

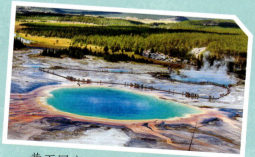

黄石国家公园的牵牛花池是一处地热泉，泉水内含有各种金属离子。

恐龙遗骸

冰川国家公园

● 阿根廷　● 1981 年　● 自然遗产

冰川国家公园在阿根廷南部，包括巴塔哥尼亚冰原及许多小冰川和冰湖。公园里的莫雷诺冰川，是一条不断成长的"活"冰川，时常出现冰崩的奇观。阿根廷湖是这里的"灵魂"，冰川从山上一直延伸到湖面。由于冰川不断崩塌、消融，游客可以尽情欣赏湖中形态各异的"冰山雕塑"，还可以在湖边寻觅各种鸟儿的身影。

这里的动植物资源丰富多样，仅特有的植物就多达18种。

艾伯塔省恐龙公园

● 加拿大　● 1979 年　● 自然遗产

艾伯塔省恐龙公园不仅风景秀丽，而且坦藏的恐龙化石数量大，是世界上已知的恐龙化石埋藏量最丰富的地区之一。白垩纪时期，这里还是浅海边的低洼平原，适宜各种恐龙生存。有些恐龙失足陷入河谷的沼泽地里，它们的遗骸被泥沙掩盖，在石化作用下，便形成了如今的化石。

莫雷诺冰川

卡奈依马国家公园

● 委内瑞拉　● 1994 年　● 自然遗产

远远望去，"特普伊山"矗立在宽阔平坦的谷地中，十分壮观。

卡奈依马国家公园位于委内瑞拉境内的圭亚那高原，河水从石英岩和砂岩构成的"特普伊山"（平顶山）上奔流而下，形成了众多瀑布，包括世界上落差最大的瀑布——安赫尔瀑布。人们可以乘飞机欣赏瀑布从山上倾泻而下的景观，可以坐游艇观看河流两岸的原始森林，也可以前往印第安村落，了解当地居民的生活，去认识奇异的热带动植物。

大大的金字塔和神庙：埃及

总有些东西，听上去普普通通，了解后却发现它甚是神奇！提起埃及，人们必然会想到金字塔。埃及有句古语：人类惧怕时间，而时间惧怕金字塔。

01

> **遗产名称**：孟菲斯及其墓地金字塔
>
> **入选时间**：1979 年
>
> **遗产类别**：文化遗产
>
> **包括**：胡夫金字塔、卡夫拉金字塔等和一狮身人面像

见证历史的"老寿星"

金字塔是古埃及法老的陵墓，是用巨大的石块修成的方锥形建筑。目前在埃及已经发现了 100 多座金字塔，其中最大的一座叫作"胡夫金字塔"。胡夫金字塔由大约 230 万块巨石砌成，所以连猛烈的地震都对它无可奈何。

④通往墓室的大走廊

①法老胡夫的墓室

❶ ❹

❷ ❸ ❺

②底层墓室或迷惑盗墓者的假墓室

⑤墓室入口

③向下倾斜的过道

胡夫金字塔有 4500 多岁了，因年久风化，比之前矮了近 10 米。现高 137 米，和 40 层楼一样高。

02

> **遗产名称**：阿布·辛拜勒至菲莱的努比亚遗址
>
> **入选时间**：1979 年
>
> **遗产类别**：文化遗产
>
> **包括**：阿布·辛拜勒神庙（拉美西斯二世神庙、奈菲尔塔丽神庙）、菲莱神庙

拉美西斯二世神庙

除了阿蒙，长着鹰隼头的拉也是太阳神。

太阳在固定时间照进来

阿布·辛拜勒神庙有个非常奇特的太阳节奇观——每年的 2 月 21 日和 10 月 21 日，太阳的光芒会从神庙大门射入，照射在神庙最里面的神像上。

2 月 21 日是拉美西斯二世的生日，而 10 月 21 日是神庙奠基的日子。设计师运用古老的星象学、地理学、物理学等知识计算好位置，确保太阳能够准时照耀神像。

没了鼻子的狮身人面像

在胡夫金字塔旁边，狮身人面像相当吸引眼球。古埃及神话里的斯芬克司长着人的脸、狮子的身体，象征着人与动物结合的超强力量。所以，用它的模样为原型来为法老建雕像，是为了彰显法老的威严。可是这座狮身人面像是没有鼻子的。据说，法国将军拿破仑攻打埃及时用炮弹将其炸没了；还有人说，当地人将它从沙土里刨出来的时候，不小心把鼻子刨掉了。

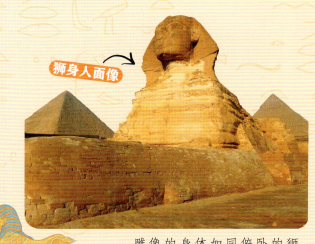

狮身人面像

雕像的身体如同俯卧的狮子，头部是一个法老头像，一般认为是法老哈夫拉的头像。

尸体制成木乃伊

古埃及人相信人死后会前往冥界，到冥神奥西里斯那里去求永生，只要通过审判，就可以登临天堂。完整的尸体是得到永生的关键之一，而制作成木乃伊可以让尸体完整地长期保存。

03

遗产名称：	底比斯古城及其墓地
入选时间：	1979 年
遗产类别：	文化遗产
包括：	卡尔纳克神庙、卢克索神庙、王后谷、帝王谷等

法老们的安息地

帝王谷背面的神庙

卡尔纳克神庙

谁惊扰了法老的安眠，冥神之翼将降临到他的头上。

图坦卡蒙黄金面具

古城上的卢克索

卢克索古称底比斯，是埃及中南部的历史古城，距今已有 4000 多年的历史了。著名的卢克索神庙、卡尔纳克神庙都建在这里。

为了避免墓室被盗，古埃及的法老们决定把自己的陵墓移到地下。尼罗河西岸的山谷中，聚集了 60 多位法老的陵墓，"帝王谷"因此得名。

帝王谷中最神秘的是法老图坦卡蒙的陵墓，墓中有大量精美的陪葬品和吓人的法老诅咒。

独具特色的非洲文明

非洲至今还有许多神秘的原始部落，有些部落的人还过着钻木取火的原始生活。这里有种类繁多的野生动植物、群星闪烁的浩瀚夜空，是地球上的一处原始天堂。

01

遗产名称：拉利贝拉岩石教堂

入选时间：1978 年

遗产类别：文化遗产

"非洲奇迹"

传说，12 世纪的埃塞俄比亚国王拉利贝拉在梦中得到神谕："在埃塞俄比亚造一座新的耶路撒冷城，并要用一整块岩石建造教堂。"于是，拉利贝拉在埃塞俄比亚北部海拔 2600 米的岩石高原上，花了 24 年开凿出 11 座岩石教堂。著名的圣乔治教堂，像一个巨大的十字架，镶嵌在大地之中。

圣乔治教堂被视为"非洲奇迹"。

02

遗产名称：迦太基遗址

入选时间：1979 年

遗产类别：文化遗产

迦太基遗址

马赛克镶嵌画

新的城市

迦太基古城位于突尼斯东北约 18 千米处。古城最古老的部分位于靠海的比尔萨山下，是古城的中心。山上建造有坚固的防御工事，时至今日，宫殿、住宅等建筑还依稀可辨。古城中古罗马时代的遗迹较多，住宅区保存着精美的镶嵌画，充分显示出古罗马时期迦太基镶嵌画的成就。

03

遗产名称：阿克苏姆考古遗址

入选时间：1980 年

遗产类别：文化遗产

埃塞俄比亚的基石

阿克苏姆城曾是阿克苏姆王国的都城。阿克苏姆王国在 4—6 世纪时，是非洲的政治、经济和文化中心之一。因而，阿克苏姆城也被称为埃塞俄比亚的"城市之母"。城中有许多古迹和高大的方尖碑，其中最高的一座方尖碑，已倒塌断裂，还有一座方尖碑被意大利人掠走，现放在罗马君士坦丁凯旋门附近。

04

遗产名称：伊斯坦布尔历史区

入选时间：1985 年

遗产类别：文化遗产

包括：城墙、圣索菲亚教堂、小阿亚索菲亚清真寺等

君士坦丁堡

跨越两洲的古城

君士坦丁堡曾是罗马帝国、奥斯曼帝国和拜占庭帝国的都城。324 年，罗马帝国皇帝君士坦丁一世选择将这里作为都城，以君士坦丁堡为名。1453 年，土耳其人将其改名为伊斯坦布尔。现在市内有许多古罗马和中世纪时期的古迹，城区四周的石砌围墙至今保存完好。伊斯坦布尔吸收了亚、欧、非三洲各民族的思想、艺术精华，是东西方思想文化的交汇点。

苏莱曼清真寺

古达米斯古城

05

遗产名称：古达米斯古城

入选时间：1986 年

遗产类别：文化遗产

最古老的撒哈拉城市

古达米斯古城位于撒哈拉沙漠的一片绿洲中，这里的建筑风格独特，房屋分上下两层，上层是卧室，下层是储藏室。屋顶还有专门供妇女活动的空间。最奇妙的是，每座建筑的底下还设有四通八达、像蜘蛛网一样的半地下通道。

06

遗产名称：索维拉的麦地那城区

入选时间：2001 年

遗产类别：文化遗产

索维拉城

风之城

索维拉是摩洛哥西南的沿海小城，在阿拉伯语里是"美如画"的意思。这里风景如画，曾被评选为"世界十大最美城镇"之一。索维拉朝向大西洋，有"风之城"的美誉，是冲浪和帆板运动爱好者的天堂。

非洲草原上的原始风情

非洲的国家公园是野生动物的天堂，这里的动物总是成群结队，从十几只到上百万只，在非洲这片原始而广袤的大地上，逐水草而居，仿佛它们才是这里真正的主人。

保护区内的野猪

保护区内的鹤群聚集在一起。

蟾蜍

会使用工具的大猩猩

朱贾国家鸟类保护区

● 塞内加尔　● 1981 年　● 自然遗产

朱贾国家鸟类保护区地处塞内加尔河三角洲，其面积在全世界的鸟类保护区排名第七，有多达150 万种鸟类栖息在这里。每年的 9 月到翌年 4 月，鸟儿从古北区（包括欧洲、亚洲北部及撒哈拉以北）和非洲热带出发，在飞越撒哈拉沙漠后，都会在这里短暂停留。

塞伦盖蒂国家公园

● 坦桑尼亚　● 1981 年　● 自然遗产

塞伦盖蒂国家公园位于坦桑尼亚北部，面积近 1.5 万平方千米，这里生活着斑马、角马、羚羊、大象等数百万只食草动物。此外，这里还集中了非洲最多的狮子和猎豹。

塞伦盖蒂因每年的牛羚和斑马大迁徙而闻名。

宁巴山自然保护区

● 几内亚　● 1981 年　● 自然遗产

宁巴山自然保护区拥有独特的山地生态系统。这里除了有狮子、豹、疣猴、穿山甲、羚羊等常见动物外，还有很多奇异的动物，如一种十分罕见的栗色蛙，长约 2 厘米，幼蛙要经过充分发育才能出生，无须经历蝌蚪期。另外，还有把石块当工具使用的大猩猩、生活在树上以果实为食的非洲麝香猫等珍稀动物。

黥基·德·贝马拉哈自然保护区

●马达加斯加　●1990 年　●自然遗产

从马达加斯加的首都塔那那利佛出发，西行约 300 千米，就到贝马拉哈自然保护区了。高耸挺拔的青贝峰、浪漫迷人的红树林、美丽的马南布卢河河谷等，为各种珍稀鸟类和动物提供了绝佳的生存环境！尤其是连绵不断的尖岩石林，被称为"上刀山入石林"，一根根如针尖耸立的石柱，让人难以想象，在数百万年前，它们曾是海底的珊瑚和海藻。

环尾狐猴是马达加斯加最具代表性的动物。

玛依谷地自然保护区

●塞舌尔　●1983 年　●自然遗产

世界上最大的种子是海椰子树的种子。

玛依谷地自然保护区

玛依谷地自然保护区位于非洲塞舌尔共和国的普拉兰岛上，许多珍贵的植物在这里生长，比如塞舌尔群岛特有的古老棕榈树、濒临灭绝的塞舌尔落羽杉等。这里还有世界上最大的椰子：4000 多棵海椰子树葱郁成林，最高的树约 30 米，长出的椰子最大的重达 20 千克！

霍加狓野生动物保护区

●刚果　●1986 年　●自然遗产

位于刚果伊图里森林中的霍加狓野生动物保护区，主要以数量繁多的霍加狓而命名。据统计，全球幸存的霍加狓有 3 万多头，其中的 1/6 就栖息于此。霍加狓别名俄卡皮鹿，是一种哺乳动物，它的背部有黑白相间的条纹，乍一看很像斑马。保护区生活着 101 种哺乳动物和 376 种鸟类，这里拥有最具多样性的森林有蹄类动物种群之一，也是非洲最重要的鸟类保护区之一。

霍加狓其实是长颈鹿的亲戚。

刚果孔雀是保护区的标志性物种。

大洋洲奇遇记

世界七大洲中最小的是大洋洲，其英文名的含义是"被大洋环绕的陆地"，这个名字形象地描述了它的特点：如果从天空上俯瞰，首先映入眼帘的是澳大利亚大陆，然后是一万多个大大小小的岛屿，以及无边无际的海水。可以说，浩瀚的海洋赋予了这些岛屿与众不同的美景，使它们既浪漫迷人，又神秘莫测，每一处都值得细细探索。

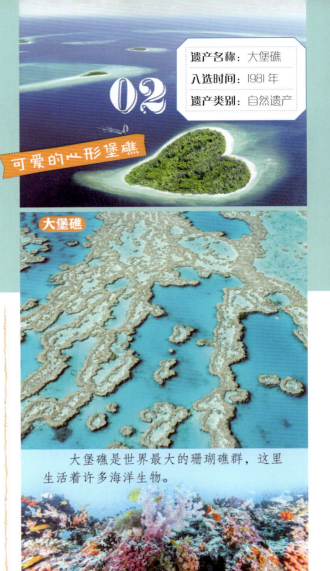

遗产名称： 大堡礁
入选时间： 1981 年
遗产类别： 自然遗产

02

可爱的心形堡礁

大堡礁

大堡礁是世界最大的珊瑚礁群，这里生活着许多海洋生物。

01

遗产名称： 卡卡杜国家公园
入选时间： 1981 年
遗产类别： 自然与文化双重遗产

原住民的家

卡卡杜国家公园是澳大利亚最大的国家公园，自然美与人文美在这里完美交融。悬崖峭壁，瀑布飞流，森林苍郁，候鸟群飞，幽深诡秘的洞穴，静美的睡莲与凶残的鳄鱼共存的湿地……极具变化美的景色令人如痴如醉。卡卡杜还有许多原住民洞穴，这些洞穴中记录了土著居民的生活习俗与社会结构，以及如今已灭绝的动物形象，为了解澳大利亚的早期人类活动提供了宝贵的资料。

吉姆－吉姆瀑布

吉姆－吉姆瀑布是卡卡杜国家公园最大的瀑布，高 200 米。

蓝翅鸟

洞穴里的岩画

"海洋水族馆"

大堡礁是世界上最长最大的珊瑚礁群，包括近千个岛礁和浅滩。涨潮时，大部分珊瑚礁被水淹没，只剩下几百个若隐若现的岛礁；只有退潮时，大堡礁的礁体露出水面，人们才可以一睹它的真容。在礁群和海岸之间有一条海路，人们可以乘游船徜徉在海上，欣赏水下多姿多彩的珊瑚礁。从空中俯瞰，大堡礁就像镶嵌在水中的一颗颗绿宝石。

澳大利亚雨林演化史

澳大利亚东海岸一带的冈瓦纳雨林，是全世界面积最大的亚热带雨林，涵括 50 多个保护区。雨林的所在地有澳大利亚最古老的植被类型，还有 200 多种濒危或稀有动植物，生物多样性显著。在这片绵延千里的雨林中漫步，既是一次挑战心脏和野外生存力的刺激旅行，也是一场融入自然、感受天地的灵魂洗礼。

世界濒危鸟类：缎蓝园丁鸟。

03

遗产名称：冈瓦纳雨林
入选时间：1986 年　**遗产类别：**自然遗产
包括：多瑞格国家公园、拉明顿国家公园、春溪国家公园等

多瑞格国家公园

埃拉巴纳瀑布

鸟巢蕨

04

遗产名称：乌鲁鲁—卡塔丘塔国家公园
入选时间：1987 年
遗产类别：自然与文化双重遗产

"魔石"：艾尔斯岩

位于乌鲁鲁—卡塔丘塔国家公园的艾尔斯岩是地球上最大的独体岩石，高 335 米，长约 3600 米，宽约 2000 米。整块巨岩气势雄峻，傲然矗立于茫茫荒原，堪称"魔石"。更为神奇的是，它会随光线的变化而变色，时而呈浅红色，时而呈橙黄色，时而呈深红色，变幻莫测。

艾尔斯岩

05

悉尼歌剧院

遗产名称：悉尼歌剧院
入选时间：2007 年
遗产类别：文化遗产

最著名的歌剧院

世界著名的表演艺术中心悉尼歌剧院位于澳大利亚的悉尼市，是悉尼市乃至澳大利亚的标志性建筑之一。整个歌剧院占地 1.84 万平方米，外形像三组巨大的贝壳：第一组"贝壳"由四对壳片组成，内部是大音乐厅；第二组"贝壳"的形状和第一组差不多，但规模小一些，内部是歌剧厅；第三组"贝壳"最小，由两对壳片组成，内部是餐厅。歌剧院的屋顶由 2194 块重 15.3 吨的弯曲型混凝土构成，并用钢缆拉紧，外表覆盖着 105 万块白色或奶油色的瓷砖。

大自然雕刻出的世界遗产

世间的美千千万，但唯有大自然雕刻出来的艺术品，才是"天生丽质难自弃"。且看那一山一水，一桥一洞，既像是精心布局，又好似"妙手偶得"，这大概就是大自然鬼斧神工的魅力吧！

袋鼠

袋熊

塔斯马尼亚国家公园群
●澳大利亚 ●1982/1989 年 ●自然与文化双重遗产

从澳洲大陆出发越过暗礁凶险的巴斯海峡，再往南则是人迹罕至的南极。塔斯马尼亚岛可谓真正的"世界尽头"，这个岛上的多个国家公园几乎不曾被人类开发，保持着最天然、最原始的面貌。广阔而茂密的温带雨林，受冰河作用而形成的特有景致，共同造就了这一片珍贵的世界荒原遗产地。

袋熊的身材矮胖，擅长挖洞。它们白天藏在洞里睡觉，晚上才出来吃饭，是澳大利亚东南部特有的物种。

汤加里罗国家公园
●新西兰 ●1990 年
●自然与文化双重遗产

豪勋爵群岛
●澳大利亚 ●1982 年 ●自然遗产

许多游客在鲁阿佩胡山雪地上滑雪。

汤加里罗国家公园

豪勋爵群岛是由火山喷发而形成的岛屿，也是典型的孤立型海洋群岛。这片土地上有世界最南端的珊瑚礁群，美丽洁净的海滩，以及雨林、火山、多种罕见的动植物……是澳大利亚的度假胜地。岛上生活着众多海洋生物，还有 129 种鸟类和 379 种植物，其中许多都是该岛独有的。

豪勋爵群岛

汤加里罗国家公园是新西兰最早的国家公园，占地 800 平方千米，以汤加里罗火山、鲁阿佩胡火山和瑙鲁霍伊火山三座活火山为中心，是世界著名的登山、滑雪和旅游胜地。汤加里罗火山峰顶宽广，有许多火山口；鲁阿佩胡火山海拔 2797 米，为北岛最高点；瑙鲁霍伊火山常年烟雾腾腾，令人望而却步。

麦夸里岛

● 澳大利亚　● 1997 年　● 自然遗产

皇家企鹅是麦夸里岛上的特有物种。

麦夸里岛在南大洋中，是经历了上千年的地质演变，从海洋深处逐渐升出海平面的一个小海岛。这里地震频发，几乎每年都要发生一次强烈地震，特殊的地理条件导致自然环境十分恶劣，但仍有不少顽强的动植物在此安家，如数以百万计的海豹与企鹅大军，它们成群结队走过的场面真是壮观无比！

麦夸里岛

彩色珊瑚礁鱼

新西兰次南极区群岛

● 澳大利亚　● 1998 年　● 自然遗产

新西兰次南极区群岛位于南极和亚热带之间的过渡带，包括斯内斯群岛、安提波德斯群岛、奥克兰群岛、坎贝尔岛和邦提群岛。这里有次南极岛屿中最丰富的植物区系和南大洋中最多样化的海鸟群落，世界上 95% 的新西兰海狮选择在这里繁育后代。

斯岛黄眉企鹅

新西兰海豹

新西兰海狮

世界史中的古文明

早期的指南针——司南

阿兹特克武士

阿兹特克文明

　　阿兹特克文明是墨西哥阿兹特克人创造的印第安古文明。阿兹特克人心灵手巧，能制作各种出色的手工艺品，能制造铜器，掌握了铸造、压印金器和用宝石镶嵌装饰品等技术。

中华文明

　　长江、黄河哺育的中华文明有5000多年的悠久历史，是世界上唯一没有中断的古老文明。儒、释、道思想是中华文明的重要文化源泉，造纸术、活字印刷术、指南针、火药是古代中国对世界有重大影响的四大发明，是中华文明的骄傲。

古印度文明

　　古印度文明分为印度河文明和恒河文明。印度河文明又称哈拉帕文明，是青铜时代的城市文明，存在于约公元前2350—前1750年。恒河文明是以印度教思想为主流的文明。

古罗马文明

　　古罗马文明是从公元前8世纪中期开始在意大利半岛中部兴起的文明。恺撒、屋大维都是古罗马的著名统治者。罗马竞技场是代表了古罗马最高建筑水平的宏伟建筑，角斗士就是在这里进行生死搏斗的。

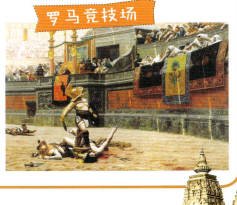
罗马竞技场

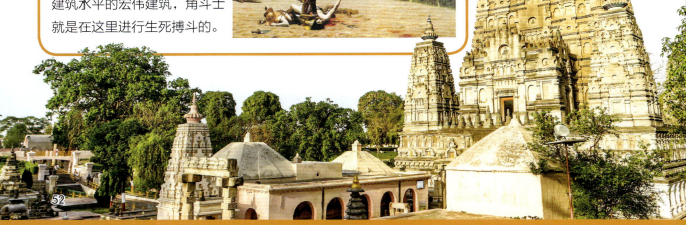
摩诃菩提寺

古巴比伦文明

广义上讲，古巴比伦文明不仅是指巴比伦王国，而是约公元前4000—前500年两河流域（幼发拉底河和底格里斯河）一带一系列文明的总称，包括古巴比伦王国和新巴比伦王国、亚述帝国等。著名的世界奇迹巴比伦空中花园是古巴比伦文明的代表之一。

巴别塔

在《圣经》里，挪亚的子孙建造了巴别塔。上帝见人类想登天，就让人类说不同的语言，令他们无法沟通。

古埃及文明

古埃及文明发源于非洲东北部的尼罗河流域。约公元前3100年，古埃及第一次完成统一，经历了许多王朝更替，后期先后被波斯、马其顿、古罗马帝国征服，公元前30年被并入古罗马帝国的版图。金字塔、狮身人面像和古埃及神庙是古埃及文明的代表性建筑。

纳芙蒂蒂

纳芙蒂蒂是图坦卡蒙的母亲，被誉为"世界上最美的女人"。

古希腊文明

古希腊是欧洲文明的摇篮，位于欧洲南部，地中海的东北部，持续了约2850年。古希腊人在哲学思想、历史、建筑、文学、戏剧、雕塑等诸多方面达到了很高的水平。

希腊神话中的主要神灵

神使赫尔墨斯

光明之神阿波罗

众神之王宙斯

战神阿瑞斯

冥王哈得斯

智慧女神雅典娜

海神波塞冬

爱与美的神阿芙洛狄忒

玛雅文明

神秘的玛雅文明形成于公元前1000年，16世纪，西班牙殖民者的到来彻底打断了这个文明独立发展的道路，并导致玛雅文明消亡。玛雅人擅长研究天文学和数学，玛雅历法非常精确。但有一段时间，玛雅人杀死活人来献祭神灵，其行为血腥而恐怖。

库库尔坎金字塔

库库尔坎金字塔是我们现在所能看到的早期玛雅文明金字塔，玛雅先民在这里迎接和庆祝羽蛇神的降临。

胡夫金字塔

法老胡夫的巨大陵墓是古代七大奇迹中唯一矗立至今的。

空中花园

传说这是新巴比伦国王尼布甲尼撒二世为其王妃修建的。

阿耳忒弥斯神庙

这是供奉古希腊神话中的月亮和狩猎女神的神庙。

亚历山大灯塔

它曾在埃及的法罗斯岛上为往来的船只指明方向。

世界七大奇迹

奥林匹亚宙斯巨像

奥林匹亚宙斯巨像是雅典雕塑家菲迪亚斯的杰作。

摩索拉斯陵墓

这是卡里亚帝国（今土耳其境内）国王摩索拉斯的陵墓。

罗得岛太阳神巨像

这是古希腊罗得岛的岛民为庆祝战争胜利而铸造的青铜巨像。